전국**한자능력**검정시험 8급

초판 1쇄 인쇄   2013년 4월 5일
초판 1쇄 발행   2013년 4월 10일

지 은 이   김귀선
펴 낸 이   방은순
펴 낸 곳   도서출판 프로방스
북디자인   DesignDidot 디자인디도
마 케 팅   최관호

주   소   경기도 고양시 일산동구 백석2동 1330번지
           브라운스톤일산 102동 913호
전   화   031-925-5366~7
팩   스   031-925-5368
E - m a i l   Provence70@naver.com
등록번호   제313-제10-1975호
등   록   2009년 6월 9일
I S B N   978-89-89239-75-8 (13710)

값 8,000원
파본은 구입처나 본사에서 교환해드립니다.

김귀선 지음

이 책을 펴내면서

대부분의 사람들은 한자를 배웠지만 쉽게 기억되지 않고 기억되었다 하더라도 쉽게 잊어버리는 경향 있고 대학을 나온 어른들마저 어려워하시는 경우를 종종 보아왔습니다. 그래서 어떻게 하면 쉽게 기억 할 수 있을까를 고민하다가 남녀노소 누구에게나 친숙한 방식인 이야기식 한자라면 좋겠다 싶어 만들게 되었습니다.

물론 한자가 만들어진 의미나 배경 그 시대를 온전히 이해하기란 한계가 있을 수밖에 없겠습니다만 적어도 우리말의 약70%정도가 한자이고 보니 어려워도 안할 수가 없고 또한 우리말의 상당부분의 말들이 한자의 의미를 알면 그 말의 의미나 뜻도 잘 알 수 있기 때문입니다.

이야기식으로의 스토리를 만들어 되도록 현재적인 의미와 상황으로 연출하려하였으며 학습자가 학습하시고 오래토록 기억하기 쉽게 만들고자 노력하였습니다.

교재가 점점 두꺼워지고 그에 비례하여 가격대가 올라가 부담이 가중 되었던 것도 사실입니다. 그래서 이번에 만들어진 교재는 불필요한 부분을 과감히 삭제하여 각권의 들어가 있는 배정한자의 한도 내에서 다루어졌음을 알려드립니다. 우리에

게 친숙한 단어를 사용하고자 했으며 예전에 사용하였지만 요즘 현대에 와서는 거의 사용하지 않는 어려운 단어를 쉽게 해석하려 노력하였습니다.

또한 이 책에서는 한자를 해석하는데 필요한 부수들을 넣어 한자의 이해를 도왔으며 예상문제를 비롯한 복습을 위한 써보기 문제와 특별히 한자어문회에서 제공되어지는 년도 별 실제수록문제인 기출문제를 각각 3회씩 교재의 뒷면에 실어 미리 실전문제를 접하여 봄으로서 시험응시에 대하여 막연한 불안감을 해소시키고 자신감을 높여 시험에 무리 없이 응시할 수 있도록 하였습니다. 교재를 충실히 하시여 원하시는 결과를 얻기를 바랍니다.

김 귀 선

전국한자능력검정시험에 대해

Q & A
전국한자능력검정시험이란?

전국한자능력검정시험(全國漢字能力檢定試驗)은 사단법인 한국어문회가 주관하여 한국한자능력검정회가 1992년 12월 19일 3회 시험을 시행한 이래 매년 3회의 시험을 시행하는 국내 최고의 한자능력검정시험이다.

전국한자능력검정시험은 시행 이래 현재까지 꾸준한 발전을 거듭하였고, 2001년 1월 1일자로 교육인적자원부의 "국가공인자격증"으로 인증받음으로써, 한자 학습자의 학습 의욕을 한층 고취시켰다. 전국한자능력검정시험은 개인별 한자능력에 대한 객관적인 급수 평가가 부여될뿐 아니라 사회적으로도 한자능력 우수인재를 양성함에 목적이 있다.

전국한자능력검정시험은 8급에서 4급까지를 교육급수로, 3급에서 1급까지를 공인급수로 구분하고 있으며, 시험에 합격한 초·중·고 재학생은 그 내용이 수행평가 및 생활기록부에 등재되고, 대학 수시 모집 및 특기자 전형지원, 대입 면접 가산·학점 반영·졸업 인증 등의 혜택이 주어지고, 기업체에서는 입사·승진·인사고과 등에 반영이 되고있다.

유형별 출제 기준표

문제유형	8급	7급	6급 II	6급	5급	4급 II	4급	3급 II	3급	2급	1급
독음	24	32	32	33	35	35	30	45	45	45	50
훈음쓰기	24	30	29	22	23	22	22	27	27	27	32
한자쓰기	0	0	10	20	20	20	20	30	30	30	40
장단음	0	0	0	0	0	0	5	5	5	5	10
반의어 / 상대어	0	2	2	3	3	3	3	10	10	10	10
완성형	0	2	2	3	4	5	5	10	10	10	15
부수	0	0	0	0	0	3	3	5	5	5	10
동의어 / 유의어	0	0	0	2	3	3	3	5	5	5	10
동음이의어	0	0	0	2	3	3	3	5	5	5	10
뜻풀이	0	2	2	2	3	3	3	5	5	5	10
필순	2	2	3	3	3	0	0	0	0	0	0
약자	0	0	0	0	3	3	3	3	3	3	3
읽기 배정한자수	50	150	300	300	500	750	1,000	1,400	1,817	2,355	3,500
쓰기 배정한자수	없음	없음	50	150	300	400	500	750	1,000	1,817	2,005

※ 쓰기 배정한자는 한 두 급수 아래의 읽기 배정한자이거나 그 범위 내에 있음.
※ 위의 출제 기준표는 기본지침자료로서, 출제 의도에 따라 변동이 있을 수 있음.

급수별 합격 기준표

구분	8급	7급	6급 II	6급	5급	4급 II	4급	3급 II	3급	2급	1급
총문항수	50	70	80	90	100	100	100	150	150	150	200
시험시간(분)	50	50	50	50	50	50	50	60	60	60	90
합격점	35	49	56	63	70	70	70	105	105	105	160

※ 1급은 출제 문항수의 80%이상, 기타 급수는 70% 이상 득점이면 합격.

전국한자능력검정시험에 대해

급수별 배정한자의 수준 및 특성

구분	급수	수준 및 특성	대상 기준
교육급수	8급	읽기 50자, 쓰기 없음 유치원생이나 초등학생의 학습동기 부여를 위한 급수	초등학교 1학년
	7급	읽기 150자, 쓰기 없음 한자공부를 처음 시작하는 분을 위한 초급단계	초등학교 2학년
	6급 II	읽기 300자, 쓰기 50자 한자 쓰기를 시작하는 첫 급수	초등학교 3학년
	6급	읽기 300자, 쓰기 150자 기초 한자 쓰기를 시작하는 급수	초등학교 3학년
	5급	읽기 500자, 쓰기 300자 학습용 한자 쓰기를 시작하는 급수	초등학교 4학년
	4급 II	읽기 750자, 쓰기 400자 5급과 4급의 격차를 해소하기 위한 급수	초등학교 5학년
공인급수	4급	읽기 1,000자, 쓰기 500자 초급에서 중급으로 올라가는 급수	초등학교 6학년
	3급 II	읽기 1,400자, 쓰기 750자 4급과 3급의 격차를 해소하기 위한 급수	중학생
	3급	읽기 1,817자, 쓰기 1000자 신문 또는 일반 교양어를 읽을 수 있는 수준	고등학생
	2급	읽기 2,355자, 쓰기 1,817자 상용한자 외에 인명·지명용 한자를 활용할 수 있는 수준	대학생·일반인
	1급	읽기 3,500자, 쓰기 2,005자 국한 혼용문을 불편없이 읽고 한문 원전을 공부할 수 있는 수준	전문가·일반인

우대사항

급수	효력	생활기록부 기재란	관련 규정
1급 ~ 3급	국가공인자격증	'자격증'란	교육부 훈령 제 616호 11조
4급 ~ 8급	민간자격증	'세부사항'란	교육부 훈령 제 616호 18조

※ 생활기록부의 '세부사항' 등재(4급 II~8급)는 교육부 훈령의 권장사항으로, 각급 학교 재량에 따릅니다.

합격기준

구분	8급	7급	6급 II	6급	5급	4급 II	4급	3급 II	3급	2급	1급
출제문항수	50	70	80	90	100	100	100	150	150	150	200
합격문항수	35	49	56	63	70	70	70	105	105	105	160

※ 1급은 출제 문항수의 80%이상, 2급~8급은 70%이상 득점하면 합격입니다.

시험시간

구분	8급	7급	6급 II	6급	5급	4급 II	4급	3급 II	3급	2급	1급
시험시간	50분							60분			90분

※ 응시 후 시험 시간 동안 퇴실 가능 시간의 제한은 없습니다.
※ 시험 시작 20분 전까지 고사실에 입실하여야 합니다.

한자의 3요소(특징)

우리 한글은 소리 글자 (표음문화)인 반면, 한자(漢字)는 뜻 글자(표의문자)이다.

이를테면, 우리말은 '나무'란 뜻을 가진 말을 나타낼 때는 '나무'라는 모양으로 쓰고 또 소리도 '나무'라고 읽는다. 그러나, 한자에서는 우선 '木'과 같은 모양으로 쓰고, '목'이라고 읽으며 '나무'란 뜻으로 새긴다. 이처럼 모든 한자는 글자마다 일정한 모양·소리·뜻을 갖추고 있어서 한자 공부라고 하면 이 세가지를 한 덩어리로 동시에 익히는 일이다.

1 한자의 모양(形)

한자가 지닌 일정한 모양으로, 다른 글자와 구별되는 요소이다.
'人'과 '木'자처럼 '사람'이나 '나무' 모양을 본뜬 그림이 발전하여 일정한 모양을 갖는 글자도 있고, 또한 '人(인 : 사람)'과 '木(목 : 나무)'이 서로 결합하여 '休(휴 : 쉬다)'자와 같이 두자 이상이 모여 이루어진 글자도 있다.

2 한자의 소리(音)

'木'을 어떻게 읽는가 하는것이 '음'이다. 이 글자는 음이 '목'이고, '나무'란 뜻이다.
한자도 1자 1음이 원칙이기는 하나, 1자 2음, 또는 1자 3음도 있다. 예를 들면 '樂'자를 '락' 이라고 읽으면 '즐겁다'는 뜻이지만, '악'이라고 읽으면 '노래'란 뜻이 되고, '요'라고하면 '좋아하다'의 뜻이 된다.

3 한자의 뜻(義)

의(義)를 우리말로는 '뜻'이라고 하고, 이 한자의 뜻을 우리말로 새긴 것을 훈(訓)이라고 한다. 한자는 뜻 글자이기 때문에 제각기 고유한 뜻을 지니고 있는데, 인류의 문화가 날로 발달하고 사회가 복잡해지면서 한자의 뜻도 이에 따라 차츰 그뜻이 갈려나가 10여가지나 되는 것도 있다. 이를테면 '日'자가 어떤 때는 '해'이고 또 어떤경우에는 '날'의 뜻이 되는가를 한자어나 한문의 문맥에 따라 그때 그때 익혀야한다.

한자의 부수(部首)

부수란 자전(字典)이나 옥편(玉篇)에서 글자를 찾는 데 편리하도록 필요한 길잡이 역할을 하는 기본 글자를 말한다.

한자의 부수 글자는 1획에서 17획까지 모두 214자이고, 한 글자의 일정한 위치에만 쓰이는 것도 있고, 여러 자리에 들어가서 쓰이는 것도 있다. 또한 부수가 놓이는 자리에 따라 그 모양이 바뀌는 것도 있다. 예를 들면 '手(손 수)'가 '변'의 자리에 쓰일 경우 '扌(재방변)'으로 바뀌는 따위이다.

변 仁
한자의 왼쪽에 위치한 부수를 '변'이라고 한다.
사람인변(亻), 이수변(冫), 두인변(彳), 심방변(忄), 재방변(扌), 삼수변(氵), 개사슴록변(犭), 좌부변(阝) 등
예 仁, 冷, 役, 性, 技, 法, 狂, 防 등

방 利
한자의 오른쪽에 위치한 부수를 '방'이라고 한다.
칼도방(刂), 병부절(卩), 우부방(阝) 등
예 利, 印, 郡 등

머리 冠
한자의 위쪽에 위치한 부수를 '머리'라고 한다.
돼지해머리(亠), 민갓머리(冖), 갓머리(宀), 초두머리(艹), 필발머리(癶), 비우(雨), 대죽머리(竹), 손톱조(爫) 등
예 交, 冠, 家, 草, 發, 答, 雷, 爭 등

엄 原
한자의 위에서 왼쪽 아래로 걸쳐진 부수를 '엄'이라고 한다.
민엄호(厂), 주검시엄(尸), 엄호(广), 범호엄(虍) 등
예 虎, 原, 居, 店 등

발 無
한자의 밑에 위치한 부수를 '발'이라고 한다.
어진사람인발(儿), 연화발(灬) 등
예 등

받침 延
한자의 왼쪽에서 아래로 걸친 부수를 '받침'이라고 한다.
민책받침(廴), 책받침(辶) 등
예 延, 近 등

에울몸 國
한자의 전체를 에워싸고 있는 부수를 '에울몸'이라고 한다.
위튼입구몸(凵), 터진입구몸(匚), 큰입구몸(囗) 등
예 凶, 區, 國 등

제부수 龍
그 한자의 자체가 부수인 것을 '제부수'라고 한다.
예 土, 父, 生, 立, 金, 黑, 龍 등

한자의 육서(문자의 구조)

한자는 일정한 모양과 소리, 뜻 이 세가지의 요소로 이루어지며 이러한 일정한 원칙과 원리를 六書(육서)라 한다. 육서의 종류에는 상형문자, 지사문자, 형성문자, 회의문자, 전주문자, 가차문자로 이루어져 있고, 한자의 90%가 지사자나 상형자를 조합하여 만들어졌다.

● **상형(相形)** 모양을 그대로 본뜨거나 특징을 잡아서 만든 글자이다.
　　예 日(날 일)　禾(벼 화)　月(달 월)

● **지사(支社)** 눈으로 직접 볼 수 없는 추상적인 개념의 글자이다.
　　예 上(윗 상)　下(아래 하)

● **형성(形成)** 한자의 한 부분은 의미가 들어 있고 다른 부분은 소리를 내어 주는 글자이다.
　　예 江(강 강)　河(물 하)　明(밝을 명)　林(수풀 림)

● **회의(會議)** 두 개의 글자가 모여서 새로운 의미의 전혀 다른 글자가 만들어지는 글자이다.
　　예 信(믿을 신)　孝(효도 효)　功(공 공)

● **전주(轉注)** 원래의 글자에서 의미가 점점 확대되어 한 글자 안에 여러 가지의 뜻을 담게 한 글자이다.
　　예 考(생각할 고)　老(늙을 로)　樂(노래 악)　惡(악할 악)

● **가차(假借)** 원래 없던 글자를 거짓으로 빌려와서 원래의 뜻과 상관없이 음만 빌려서 사물을 표현한 글자이다.
　　예 令(하여금 령)　長(긴 장)　基督(기독)　巴利(파리)

한자의 필순

한자의 필순이란 한자를 쓸 때 순서나 차례에 맞게 써내려 가는 것을 말한다. 글자의 순서나 쓰임새 모양을 제대로 알고 쓰면 기억하기 쉽고 글자를 바르게 쓸 수가 있다.

1 왼쪽에서 오른쪽으로 차례대로 쓴다.

川(내 천) → 丿 刂 川

2 위에서 아래로 써내려 간다.

三(석 삼) → 一 二 三

3 가운데를 먼저 쓴다.

水(물 수) → 亅 㐅 氺 水

4 가로획을 먼저 긋고 난 후 쓴다.

木(나무 목) → 一 十 才 木

5 몸이나 바깥쪽을 먼저 쓴다.

四(넉 사) → 丨 冂 罒 四 四

6 점은 맨 나중에 찍는다.

犬(개 견) → 一 ナ 大 犬

7 가운데를 꿰뚫어 긋는다.

中(가운데 중) → 丨 冂 口 中

자전(字典)에서 한자를 찾는 법

※ **자전이란** : 한자의 음(音)과 훈(訓)을 해석한 책으로 옥편(玉篇)이라 한다. 한자의 사전이라고 보면 된다.

1 음으로 찾기

찾고자 하는 한자의 음(音)을 알면 자음 색인에서 국어사전의 경우처럼 ㄱ ㄴ ㄷ ㄹ ㅁ…의 순으로 찾으면 된다.

예 弟(아우 제)의 음인 '제'를 자음 색인에서 찾는다.

2 부수로 찾기

찾고자 하는 한자의 부수(한자의 글자에서 대표로 뜻을 갖는 글자)를 알면 그 부수를 획수별로 구분되어 있는 부수 색인에서 찾은 뒤 부수를 제외한 나머지 획수를 세어 찾는다.

예 弟(아우 제)의 부수인 '弓(활 궁)'의 3획을 부수 색인에서 찾는다.

3 총획수로 찾기

찾고자 하는 한자의 음과 부수 모두 모를 경우는 필순의 원칙에 맞게 정확한 총획수를 세어 총획 색인에서 찾는다.

예 弟(아우 제)의 총획수인 7획을 총획 색인에서 찾는다.

목차

이 책을 펴내면서 ···································· 4

전국한자능력검정시험에 대해 ···································· 5

한자의 3요소(특징) ···································· 10

한자의 부수 ···································· 11

한자의 육서 ···································· 12

자전에서 한자를 찾는 법 ···································· 15

한자능력검정시험 8급 배정한자 50자 ···································· 18

8급 한자 해석에 사용된 부수 글자 ···································· 36

8급 한자 써보기 · 정답 ···································· 38

8급 예상 · 기출문제 ···································· 44

한자능력검정시험 8급

〈배정 한자 총 **50** 자〉

火 불 화	兄 형 형	寸 마디 촌	七 일곱 칠	韓 한국 한/한나라 한
學 배울 학	土 흙 토	八 여덟 팔	靑 푸를 청	二 두 이
中 가운데 중	日 날 일	弟 아우 제	長 긴 장	一 한 일
人 사람 인	女 여자 여(계집 녀)	南 남녘 남	金 쇠 금(성 김)	軍 군사 군
國 나라 국	九 아홉 구	敎 가르칠 교	校 학교 교	年 해 년
大 큰 대	東 동녘 동	六 여섯 육(륙)	萬 일만 만	母 어미 모
木 나무 목	門 문 문	民 백성 민	西 서녘 서	生 날 생
三 석 삼	山 뫼 산	四 넉 사	北 북녘 북	父 아비 부
白 흰 백	先 먼저 선	小 작을 소	水 물 수	室 집 실
月 달 월	外 바깥 외	王 임금 왕	五 다섯 오	十 열 십

| 총획 | 1획 | 뜻 | 첫 번째, 오로지, 하나, 오직

첫 번째라는 뜻으로 하나를 말한다. 나뭇가지 하나를 놓고 세었다.

● 사자성어
一石二鳥(일석이조), 一三昧(일삼매), 一半(일반), 一定(일정)

● 쓰기순서
一

| 총획 | 2획 | 뜻 | 둘째, 버금, 두 번째

두 번째를 말한다. 두 개라는 뜻으로 나뭇가지 두 개를 놓아 세었다.

● 사자성어
二人(이인), 二八靑春(이팔청춘), 二律背反(이율배반)

● 쓰기순서
一 二

| 총획 | 3획 | 뜻 | 세 번째, 여러 번, 석, 삼, 셋

세 번째를 말한다. 셋이라는 뜻으로 나뭇가지를 세 개 놓아 세었다.

● 사자성어
三國志(삼국지), 朝三暮四(조삼모사), 三伏(삼복), 間三(간삼)

● 쓰기순서
一 二 三

한자능력검정시험 8급

넉 **사**

| 총획 | 5획 | 뜻 | 네 번째, 넉, 넷

네 번째를 말한다. 숫자를 만들 때 마냥 나뭇가지를 늘어놓을 수도 없는 상황이다 글자를 만들 때 四는 안에 나뭇가지 하나를 구부리기로 약속하였다. 네 명의 儿(사람인)사람이 口 방안에 있음.

● 사자성어
四寸(사촌), 四書(사서), 四方(사방), 사분오열(四分五裂)
四十(사십), 四海(사해)

● 쓰기순서
丨 冂 冃 四 四

다섯 **오**

| 총획 | 4획 | 뜻 | 오, 다섯

다섯 번째를 말한다. 한 손을 세어 보면 다섯이며 五오월은 계절의 여왕.

● 사자성어
五十(오십), 五十步百步(오십보백보), 五臟六腑(오장육부),
五倫(오륜)

● 쓰기순서
一 丁 五 五

여섯 **육**

| 총획 | 4획 | 뜻 | 여섯 번째, 여섯 개

여섯 번째라는 뜻이다. 잔치할 때 여섯가지 이상의 음식을 六상에· 올려놓았다.

● 사자성어
四六文(사륙문), 五臟六腑(오장육부), 六寸(육촌), 六旬(육순)

● 쓰기순서
丶 一 亠 六 六

| 총획 | 2획 | 뜻 | 일곱, 칠

일곱 번째를 의미한다. 일주일동안 6일을 열심히 일하고 7일째 되는 일곱째날은 一평상에 乚앉아서 쉰다. (사람이 앉아서 쉬는 모양)

● 사자성어

七月(칠월), 七書(칠서), 北斗七星(북두칠성), 七寶(칠보), 七七日(칠칠일)

● 쓰기순서

一 七

| 총획 | 2획 | 뜻 | 여덟, 팔자형, 나누다

여덟 번째를 의미한다. 과일이나 물건들이 여덟 개 정도가 되면 양쪽으로 늘어진다.

● 사자성어

八空山(팔공산), 二八靑春(이팔청춘), 八道江山(팔도강산), 八字(팔자)

● 쓰기순서

丿 八

| 총획 | 2획 | 뜻 | 아홉, 많다, 모으다, 합하다

아홉 번째를 의미한다. 온전한 묶음인 十(열십)열이 못 되어 누군가에게 선물하기에는 乚(숨길은)숨기고 싶은 마음. 아홉은 예로부터 다음 단위의 수가 바뀌므로 중요시하였다.

● 사자성어

九死一生(구사일생), 九重(구중), 九天(구천), 九五之尊(구오지존)

● 쓰기순서

丿 九

한자능력검정시험 8급

열 십

| 총획 | 2획 | 뜻 | 열배, 열, 완전

열 번째를 말한다. 十(열십)열은 묶음을 이루는 기본 단위가 되기에 물건을 셀 때 단위가 된다.

● 사자성어
權不十年(권불십년), 十億(십억), 十伐之木(십벌지목)

● 쓰기순서
一 十

달 월

| 총획 | 4획 | 뜻 | 달빛, 세월, 별이름

하늘의 뜨는 달을 말한다. 冂(멀경)먼 거리에 있는 보름달이 초승달 → 보름달 순으로 변화한다. 二 달의 변하는 종류를 넣어서 月 월로 표기.

● 사자성어
歲月(세월), 月給(월급), 月光(월광), 春三月(춘삼월),
月光讀書(월광독서), 月下美人(월하미인)

● 쓰기순서
丿 刀 月 月

불 화

| 총획 | 4획 | 뜻 | 불, 열, 타는 열, 태양, 긴급함

불을 말한다. 불이 타는 형상.

● 사자성어
火災(화재), 火山(화산), 火中(화중), 火丹(화단)

● 쓰기순서
丶 丷 少 火

| 총획 | 4획 | 뜻 | 적시다, 축이다, 헤엄치다 |

물을 의미한다. 水(물수)물이 흘러가는 물길의 모양.

● 사자성어
水準(수준), 洪水(홍수), 水位(수위)

● 쓰기순서
亅 亅 水 水

| 총획 | 4획 | 뜻 | 나무, 목재, 널빤지, 오행의 하나 |

나무를 말한다. 木(나무목)나무가 十거목이 되려면 뿌리가 깊게 뻗어야하며 태풍에 넘어지지 않게 人밧줄로 양쪽에서 지지대로 잡아준 모양.

● 사자성어
草木(초목), 木材(목재), 伐木(벌목), 木人(목인), 木心(목심), 木丸(목환)

● 쓰기순서
一 十 才 木

| 총획 | 8획 | 뜻 | 쇠, 금, 돈, 화폐 |

쇠를 말한다. 人(사람인)사람이 干(방패간)방패같이 단단한 쇠인 亠 빛나는 금을 캐다.

● 사자성어
入金(입금), 稅金(세금), 資金(자금), 錦繡江山(금수강산), 金一封(금일봉), 金剛石(금강석)

● 쓰기순서
丿 人 亽 亼 佘 余 金 金

8급

| 총획 | 3획 | 뜻 | 흙, 토양, 영토, 국토 |

흙을 말한다. 土(흙토)흙은 퇴적물이나 먼지들이 차곡차곡 二쌓이고 l쌓여서 된 퇴적층이 있다.

● 사자성어
土地(토지), 領土(영토), 土曜日(토요일), 身土不二(신토불이), 토우목마(土牛木馬), 土地(토지)

● 쓰기순서
一 十 土

| 총획 | 4획 | 뜻 | 태양, 날수, 날, 햇살, 매일 |

날을 말한다. 옛날사람들은 지구나 하늘귀퉁이조차 네모지다고 생각하여 口하늘 위에 점 같이 떠 있는 一 하나의 해를 넣어 글자를 만들었다.

● 사자성어
日程(일정), 日記(일기), 日久月深(일구월심), 每日(매일)

● 쓰기순서
丨 冂 日 日

| 총획 | 17획 | 뜻 | 우리나라, 대한민국, 나라의 이름 |

한국을 말한다. 日 태양을 기준으로 卓찬란히 빛나고 영원한 나라가 되며 韋(가죽위)가죽같이 견고한 나라가 되라는 의미를 담고 있다.

● 사자성어
韓國(한국), 韓半島(한반도), 韓人社會(한인사회)

● 쓰기순서
一 十 十 十 古 古 古 古 卓 卓 卓 卓 乾 乾 韓 韓 韓
韓 韓

| 총획 | 11획 | 뜻 | 나라, 고장, 지방, 국가, 도읍, 세상, 세계 |

나라라는 뜻이다. 或(혹시혹)혹시 쳐들어올지 모르는 적을 항상 대비하여 口나라를 지키다.

● 사자성어
先進國(선진국)

● 쓰기순서
丨 冂 冂 冃 冋 冋 冋 國 國 國 國

8급

| 총획 | 2획 | 뜻 | 배우다, 가르치다, 모방, 학자, 학파 |

배우다의 의미이다. 子(아들자)아들이 배우기 위해서 책상 위에서 臼책을 잡고 있는 형상.

● 사자성어
學生(학생), 學校(학교), 大學(대학), 科學(과학), 志學(지학), 博學多識(박학다식)

● 쓰기순서
丶 丨 F F F 彡 彡 臼 臼 臼 與 與 學 學
學

| 총획 | 16획 | 뜻 | 학교, 울타리, 부대 |

학교라는 뜻이다. 木(나무목)나무로 만든 교과서를 가지고 배우고 친구도 交(사귈교)사귈 수 있는 곳이 학교이다.

● 사자성어
學校(학교), 登校(등교), 初等學校(초등학교), 高敎(고교)

● 쓰기순서
一 十 才 才 木 朮 栌 栌 栌 校

| 총획 | 4획 | 뜻 | 아빠, 아버지, 창시자, 늙은 남자 |

아버지라는 뜻이다. 아버지가 양팔에 무거운 짐을 들고 땀을 흘리며 걸어가는 형상.

● 사자성어
父母(부모), 學父母(학부모), 祖父(조부), 父親(부친),
漁父之利(어부지리), 父傳子傳(부전자전)

● 쓰기순서
丶 丿 ⺈ 父

| 총획 | 5획 | 뜻 | 어머니, 근본, 나이가 많은 여자 |

어머니라는 뜻이다. 어머니는 머리에 一비녀를 꽂으시고 젖을 먹이어 길러주시는 분.

● 사자성어
祖母(조모), 母夫人(모부인), 母乳(모유),
孟母三遷之敎(맹모삼천지교)

● 쓰기순서
𠃋 𠃌 𠃌 母 母

| 총획 | 5획 | 뜻 | 장남, 맏이, 형, 높음, 뛰어남 |

형을 말한다. 口 얼굴과 덩치가 큰형이 앞에서 儿(사람인)걸어가는 모양.

● 사자성어
兄弟(형제), 형제지공(兄友弟恭), 兄弟之國(형제지국)

● 쓰기순서
丨 冂 口 尸 兄

| 총획 | 7획 | 뜻 | 아우, 어린자, 나이 어린, 공손하다

아우를 말한다. 弓활을 가지고 가는 형 뒤를 따라가는 才아우(동생).

● 사자성어
弟子(제자), 師弟(사제)

● 쓰기순서
丶 丷 亠 当 肖 弟 弟

아우 제

| 총획 | 8획 | 뜻 | 동쪽, 오른쪽, 동쪽으로 가다

동쪽을 말한다. 日(날일)해가 날마다 비추어 주어야 木(나무목)나무들이 잘 자란다.

● 사자성어
東西南北(동서남북), 東海(동해), 同風(동풍)

● 쓰기순서
一 丆 丆 冃 冃 申 東 東

동녘 동

| 총획 | 6획 | 뜻 | 서쪽, 서양, 서쪽으로 가다

서쪽을 말한다. 나간 새가 口(입구)입으로 먹을 먹이를 구하여 해가 서쪽으로 기울어 갈 즈음 집안으로 날아서 π오는 새를 상상.

● 사자성어
西海(서해), 西京(서경), 西上房(서상방), 東西(동서), 東奔西走(동분서주)

● 쓰기순서
一 丆 厂 冋 西 西

서녘 서

한자능력검정시험 8급

남녘 남

| 총획 | 9획 | 뜻 | 따뜻한 남쪽, 남, 남쪽으로 가다 |

남쪽을 말한다. 冂(멀경) 머나먼 남쪽나라는 따뜻해서 먹이가 十많아 羊양들이 잘 자란다. (十는 十열심으로 많음을 의미)

● 사자성어
江南(강남), 南韓(남한), 南北(남북), 南大門(남대문), 南下(남하)

● 쓰기순서
一 十 十 冂 冉 冉 両 南 南

북녘 북

| 총획 | 5획 | 뜻 | 북쪽으로 가다, 달아나다 |

북쪽을 가리킨다. 북쪽은 매우 춥다. 특히 북극의 바람은 匕(비수비)비수같이 날카로운 칼바람으로 추워서 서로 등을 맞대고 北있는 형상.

● 사자성어
對北(대북), 南男北女(남남북녀)

● 쓰기순서
一 丨 キ 北 北

큰 대

| 총획 | 3획 | 뜻 | 크다, 많다, 높다 |

크다는 뜻이다. 사람이 양팔과 양다리를 크게 벌리고 누워있는 형상.

● 사자성어
大統領(대통령), 大書特筆(대서특필), 大同小異(대동소이), 大器晩成(대기만성), 先大人(선대인), 呵呵大笑(가가대소)

● 쓰기순서
一 ナ 大

| 총획 | 4획 | 뜻 | 가운데, 속, 중심, 내장

가운데를 말한다. 口(입구)먹을 수 있는 생선의 가운데를 丨(뚫을곤)뚫어서 직화 구이를 하다.

● 사자성어
集中(집중), 中心(중심), 中央(중앙), 中世(중세), 中斷(중단), 五里霧中(오리무중)

● 쓰기순서
丨 ㄇ 口 中

| 총획 | 3획 | 뜻 | 작다, 좁다, 협소하다

작다는 뜻이다. 갓 태어난 작은 병아리가 양쪽의 날개로 땅에 기댄 모양.

● 사자성어
小暑(소서), 小說(소설), 大同小異(대동소이), 小世界(소세계), 小不等(소부등)

● 쓰기순서
亅 小 小

| 총획 | 3획 | 뜻 | 산, 뫼, 메, 무덤, 산신

뫼는 산을 말한다. 우뚝 솟아 있는 산 세 개가 주욱 이어져 있는 형상.

● 사자성어
山川(산천), 江山(강산), 山下(산하), 山川草木(산천초목), 他山之石(타산지석), 山上垂訓(산상수훈)

● 쓰기순서
丨 山 山

| 총획 | 9획 | 뜻 | 군사, 군대, 진치다 |

군사를 말한다. 전쟁에서 이기려면 아주 중요한 식량이나 포탄 등을 잘 숨겨야 했다. 식량이나 포탄을 車(수레차)수레에 싣고 잘 冖(덮을멱) 덮어 전쟁에서 승리한다. (冖덮을멱 = 민갓머리)

● 사자성어
將軍(장군), 國軍(국군), 孤軍奮鬪(고군분투), 白衣從軍(백의종군)

● 쓰기순서

| 총획 | 11획 | 뜻 | 가르치다, 본받다 |

가르치다. 예전엔 子(아들자)아들들을 가르치기 위해서 爻(수효효)수효 대로 회초리를 갖추어 놓고 人(사람인)사람으로서의 도리를 攵(칠복)체벌하며 가르쳤다. (耂→ 爻수효효로 본다.)

● 사자성어
敎授(교수), 敎師(교사), 敎育部(교육부), 敎育廳(교육청), 敎科書(교과서)

● 쓰기순서

| 총획 | 6획 | 뜻 | 해, 나이, 연령 |

새해를 말한다. 새해에 나뭇가지 사이로 힘차게 솟아오르는 해.

● 사자성어
每年(매년), 昨年(작년), 來年(내년), 百年大計(백년대계), 謹賀新年(근하신년), 萬年雪(만년설), 年次(연차)

● 쓰기순서

| 총획 | 6획 | 뜻 | 먼저, 이전, 앞, 처음

먼저 처음이라는 뜻으로 먼저 生태어나서 걸어가는 儿사람이다.

● 사자성어
于先(우선), 先生(선생), 先進國(선진국), 先親(선친), 先丈(선장)

● 쓰기순서
ノ 一 ㅑ 生 牛 先

| 총획 | 5획 | 뜻 | 기르다, 싱싱하다, 낳다, 태어나다

태어나다의 뜻이다. 土(흙토)흙 위에 발을 딛고 사는 牛(소우)소와 사람은 十(열십)열 달 후에 태어난다.

● 사자성어
生地(생지), 生一(생일), 生面不知(생면부지)

● 쓰기순서
ノ 一 ㅑ 牛 生

| 총획 | 5획 | 뜻 | 희다, 깨끗하다, 분명하다, 밝아지다, 명백하다

흰색을 말한다. 日(날일)해가 ノ 하얗게 빛난다.

● 사자성어
蛋白質(단백질), 白米(백미), 白露(백로), 明明白白(명명백백), 白日(백일), 告白(고백)

● 쓰기순서
ノ 亻 白 白 白

| 총획 | 8획 | 뜻 | 푸르다, 젊다

푸르다는 뜻이다. 三삼월에 土흙위에 난 푸른 새싹은 用(쓸용)쓸모가 많다. (円 쓸용의 변형글자)

● 사자성어
靑春(청춘), 靑雲之志(청운지지), 靑少年(청소년), 靑寫眞(청사진), 靑出於藍(청출어람), 淸日(청일), 靑丘永言(청구영언)

● 쓰기순서
一 十 丰 主 丰 青 靑 靑

| 총획 | 2획 | 뜻 | 사람, 인간, 성인남자, 백성, 인격

사람을 말한다. 人지붕아래에 가족끼리 서로 기대고 의지하며 살아가는 사람.

● 사자성어
個人(개인), 令夫人(영부인), 眼下無人(안하무인), 人物(인물), 人權(인권), 人山人海(인산인해), 二人(이인)

● 쓰기순서
丿 人

| 총획 | 4획 | 뜻 | 임금, 할아버지, 왕노릇하다, 통치하다

임금을 말한다. 土(흙토)땅에 있는 각 나라의 王(임금왕)임금은 각각의 나라에 오직 一한 사람씩뿐이다.

● 사자성어
왕세자(王世子), 王世孫(왕세손), 王朝(왕조), 王母(왕모), 王佐(왕좌), 王大人(왕대인)

● 쓰기순서
一 T 干 王

백성 민

| 총획 | 5획 | 뜻 | 백성, 사람, 직업인, 인민 |

백성을 말한다. 백성은 임금의 입장에서 볼 때 口(입구)먹여살려야하는 김, 이, 박의 氏(성씨씨)성을 가진 자들이다.

● 사자성어
國民(국민), 庶民(서민), 單一民族(단일민족), 住民(주민), 大韓民國(대한민국)

● 쓰기순서

집 실

| 총획 | 9획 | 뜻 | 집, 건물, 거처, 굴 |

집을 말한다. 宀(집면)집에 至(이를지)이르다.

● 사자성어
室長(실장), 高臺廣室(고대광실), 室內(실내), 室人(실인), 家和萬事成(가화만사성)

● 쓰기순서

일만 만

| 총획 | 13획 | 뜻 | 일만, 많음, 여럿이, 매우 많음 |

만개라는 뜻이다. 艹(풀초)풀섶에서 禺(원숭이우)원숭이가 일만 마리의 벌레를 보다.

● 사자성어
萬若(만약), 萬物(만물), 千萬(천만), 萬世千秋(만세천추)

● 쓰기순서

한자능력검정시험 8급

문 문

| 총획 | 8획 | 뜻 | 집안, 문벌, 동문 |

문을 말한다. 대문의 형상을 그대로 본떠서 만들었다.

● 사자성어
專門家(전문가), 窓門(창문), 門前成市(문전성시), 門前乞食(문전걸식), 家家門前(가가문전), 門下人(문하인)

● 쓰기순서
丨 冂 冂 冂 冂 門 門 門

여자 여

| 총획 | 3획 | 뜻 | 여자, 딸, 연약한 것 |

여자를 말한다. 한복을 입은 여자들은 주로 머리를 묶어 올려 뒤로 비녀로 쪽 지었다. (잘록한 허리 날씬한 다리를 연상한다.)

● 사자성어
男女老少(남녀노소), 甲男乙女(갑남을녀), 善男善女(선남선녀), 女子(여자), 少女(소녀), 海女(해녀), 南男北女(남남북녀)

● 쓰기순서
く 夊 女

긴 장

| 총획 | 8획 | 뜻 | 우두머리, 길다, 자라다 |

아주 긴 것을 말한다. 말의 ╠갈기가 길어서 달릴 때 말이 수염을 길게 날리며 ╩달리는 형상.

● 사자성어
장구지계(長久之策), 長亭(장정), 教學相長(교학상장), 年長(연장), 長官(장관)

● 쓰기순서
丨 厂 厂 F 토 튼 틑 長

| 총획 | 5획 | 뜻 | 겉, 표면, 바깥

바깥으로 나간다. 夕(저녁석)저녁에 바깥으로 나가 막대를 엮다.

● 사자성어
外換(외환), 除外(제외), 外柔內剛(외유내강), 外交(외교), 海外(해외)

● 쓰기순서
丿 ク 夕 外 外

| 총획 | 3획 | 뜻 | 마디, 인치, 길이의 단위, 촌수를 세는 말, 손

마디를 말한다. 집에서 사용하는 대나무에는 十(열십)열 마디씩 、점을 찍어 표시하여 사용하다.

● 사자성어
四寸(사촌), 寸志(촌지), 寸鐵殺人(촌철살인), 外三寸(외삼촌)

● 쓰기순서
一 寸 寸

8급 한자 해석에 사용된 부수 글자

亠	弓	爻
머리두, 돼지머리두	활 궁	수효 효

乚	｜	千
숨을 은	뚫을 곤	일천천

冂	丿	土
멀 경	삐침 별	흙 토

人=亻=儿=𠆢	日	用
사람 인	날 일	쓸 용

干	几	口
방패 간	책상기, 받침대, 그것	입 구

艹=䒑=艸	羊	虫
풀 초, 초 두	양 양	벌레 충, 벌레 훼

囗	匕	禺
에워쌀 위, 나라 국 (口입구와 비슷하나 크기가 다름)	비수 비	원숭이 우

子	北	夕
아들 자	북녘 북	저녁 석

交	冖	丶
사귈 교	덮을 멱	점 주

攵	至	宀
칠 복	이를 지	집 면

氏	戈	
성씨 씨	창 과	

8급 한자 써 보기

써보기 1

한자	火	兄	寸	七	韓
훈·음					
한자	學	土	八	靑	二
훈·음					
한자	中	日	弟	長	一
훈·음					
한자	人	女	南	金	軍
훈·음					
한자	國	九	敎	校	年
훈·음					

써보기 2

한자	大	東	六	萬	母
훈·음					
한자	木	門	民	西	生
훈·음					
한자	三	山	四	北	父
훈·음					
한자	白	先	小	水	室
훈·음					
한자	月	外	王	五	十
훈·음					

8급

8급 한자 써 보기

써보기 3

훈·음	불화	형형	마디촌	일곱칠	한국한, 한나라한
한자					
훈·음	배울학	흙토	여덟팔	푸를청	두이
한자					
훈·음	가운데중	날일	아우제	긴장	한일
한자					
훈·음	사람인	여자여 (계집녀)	남녘남	쇠금 (성김)	군사군
한자					
훈·음	나라국	아홉구	가르칠교	학교교	해년
한자					

써보기 4

훈·음	큰대	동녘동	여섯육(륙)	일만만	어미모
한자					
훈·음	나무목	문문	백성민	서녘서	날생
한자					
훈·음	석삼	뫼(산)산	넉사	북녘북	아비부
한자					
훈·음	흰백	먼저선	작을소	물수	집실
한자					
훈·음	달월	바깥외	임금왕	다섯오	열십
한자					

8급 한자 써 보기 정답

• 써보기 1 •

불화	형형	마디촌	일곱칠	한국한, 한나라한
배울학	흙토	여덟팔	푸를청	두이
가운데중	날일	아우제	긴장	한일
사람인	여자여 (계집녀)	남녘남	쇠금 (성김)	군사군
나라국	아홉구	가르칠교	학교교	해년

• 써보기 2 •

큰대	동녘동	여섯육(륙)	일만만	어미모
나무목	문문	백성민	서녘서	날생
석삼	뫼산	넉사	북녘북	아비부
흰백	먼저선	작을소	물수	집실
달월	바깥외	임금왕	다섯오	열십

• 써보기 3 •

火	兄	寸	七	韓
學	土	八	靑	二
中	日	弟	長	一
人	女	南	金	軍
國	九	敎	校	年

• 써보기 4 •

大	東	六	萬	母
木	門	民	西	生
三	山	四	北	父
白	先	小	水	室
月	外	王	五	十

한자능력검정시험 8급 예상문제 1회

※ 다음 한자의 흅(음)을 쓰시오.

1 (1) 學校(　) (2) 大門(　)에서 (3) 先生(　)님을 만났다. (4) 敎室(　)에서 친구와 함께 (5) 月(　) (6) 火(　) (7) 水(　) (8) 木(　) (9) 金(　) (10) 土(　)요일까지 공부하고 (11) 日(　)요일은 집 (12) 室內(　)에서 쉽니다.

2 (1) 一(　) (2) 二(　) (3) 三(　) (4) 四(　) (5) 五(　) (6) 六(　) (7) 七(　) (8) 八(　) (9) 九(　) (10) 十(　) (11) 十一(　) (12) 十二(　) (13) 一年(　)은 (14) 三百(　) (15) 六十(　) (16) 五日(　) 입니다.

3 (1) 一(　)주일은 (2) 七(　)이며 나는 주말마다 뒷동(3) 山(　)에 올라갑니다. 나는 우리나라 (4) 大韓(　) (5) 民國(　)이 잘 되었으면 좋겠습니다. (6) 南北(　)이 통일이 되어 (7) 北韓(　)의 (8) 兄弟(　)들과도 만났으면 좋겠습니다.

4 우리 삼촌은 (1) 軍人(　) 아저씨라서 (2) 國軍(　)의 날에 행사하며 (3) 東西(　) (4) 南北(　)으로 행군할 때는 씩씩하고 멋집니다. (5) 國軍(　)의 날은 (6) 十月(　) (7) 一日(　)입니다.

5 삼촌과 놀이동산에 가는데 입장료가 대인은 (1) 八百(　)원, 소인은 (2) 四(　)백원합니다. 어느덧 봄이 와서 (3) 南(　)녘에서는 꽃소식이 들려옵니다.

6 내 (1) 生日(　)에 나의 (2) 四寸(　) 동생이 축하해주기 위해서 (3) 大門(　)을 열고 들어왔습니다. (4) 夕(　)에 아버지께서 하얀 (5) 白(　)생크림 케익도 사오셨습니다.

7 책 속에는 (1) 水中(　　)생물이야기, 임금님 (2) 大王(　　) 귀는 당나귀 이야기, (3) 山中(　　) 호랑이 이야기와 조상 (4) 先人(　　)들의 이야기, (5) 父母(　　)에게 효도하는 (6) 父女(　　)와 (7) 母子(　　)이야기를 읽었습니다.

8 불(1) 火(　　)을 뿜는 (2) 火山(　　)이야기, 해(3) 日(　　)님 달(4) 月(　　)님과 딸이 황금으로 변한 황(5) 金(　　)이야기, 흙(6) 土(　　)이야기도 재미있었습니다. 음식을 먹을 때는 푸른잎 (7) 青(　　)채소를 많이 먹어야 한다는 것도 알았습니다.

9 다음 〈보기〉에서 골라 쓰세요.

보기　　青　白　父　日　母　兄　弟

(1) 오늘은 운동회 ① 날(　　)입니다. ② 청(　　)군과 ③ 백(　　)군이 겨루기를 합니다. ④ 부모(　　)님과 ⑤ 형제(　　)들이 응원합니다.

(2) ① 校長(　　)선생님과 ② 先生(　　)님들도 계십니다.

(3) 어른인 ① 大人(　　)들과 어린이인 ② 小人(　　)들은 모두 즐거웠습니다.

(4) 올해 운동회 날은 ① 十月(　　) ② 十日(　　)일 입니다.

정답

1 (1) 학교 (2) 대문 (3) 선생 (4) 교실 (5) 월 (6) 화 (7) 수 (8) 목 (9) 금 (10) 토 (11) 일 (12) 실내
2 (1) 일 (2) 이 (3) 삼 (4) 사 (5) 오 (6) 육 (7) 칠 (8) 팔 (9) 구 (10) 십 (11) 십일 (12) 십이 (13) 일년 (14) 삼백 (15) 육십 (16) 오일
3 (1) 일 (2) 칠 (3) 산 (4) 대한 (5) 민국 (6) 남북 (7) 북한 (8) 형제
4 (1) 군인 (2) 국군 (3) 동서 (4) 남북 (5) 국군 (6) 십월(시월) (7) 일일
5 (1) 팔백 (2) 사 (3) 남
6 (1) 생일 (2) 사촌 (3) 대문 (4) 석 (5) 백
7 (1) 수중 (2) 대왕 (3) 산중 (4) 선인 (5) 부모 (6) 부녀 (7) 모자
8 (1) 화 (2) 화산 (3) 일 (4) 월 (5) 금 (6) 토 (7) 청
9 (1) ① 日 ② 青 ③ 白 ④ 父母 ⑤ 兄弟 (2) ① 교장 ② 선생 (3) ① 대인 ② 소인 (4) ① 십월 ② 십일

한자능력검정시험 8급 예상문제 2회

1 다음을 읽고 漢字(한자)의 음(소리)을 쓰시오.

보기 　　　敎 → 교

(1) 敎 (　　)　　(2) 白 (　　)
(3) 二 (　　)　　(4) 校 (　　)
(5) 父 (　　)　　(6) 人 (　　)
(7) 九 (　　)　　(8) 北 (　　)
(9) 日 (　　)　　(10) 軍 (　　)
(11) 山 (　　)　　(12) 長 (　　)
(13) 金 (　　)　　(14) 三 (　　)
(15) 弟 (　　)　　(16) 南 (　　)
(17) 生 (　　)　　(18) 中 (　　)
(19) 女 (　　)　　(20) 西 (　　)

(7) 七 (　　)　　(8) 東 (　　)
(9) 水 (　　)　　(10) 土 (　　)
(11) 六 (　　)　　(12) 室 (　　)
(13) 八 (　　)　　(14) 萬 (　　)
(15) 十 (　　)　　(16) 學 (　　)
(17) 母 (　　)　　(18) 五 (　　)
(19) 韓 (　　)　　(20) 木 (　　)

2 다음 漢字(한자)의 訓(훈:뜻)과 음(음:소리)을 쓰시오.

보기 　　　靑 → 푸를 청

(1) 靑 (　　)　　(2) 年 (　　)
(3) 先 (　　)　　(4) 寸 (　　)
(5) 大 (　　)　　(6) 小 (　　)

3 다음 한자의 음(음:소리)을 쓰시오.

보기 　　　白 → 흰 백

(1) 王 (　　)　　(2) 兄 (　　)
(3) 門 (　　)　　(4) 外 (　　)
(5) 火 (　　)　　(6) 民 (　　)
(7) 月 (　　)

4 한자를 〈보기〉에서 번호를 골라 쓰시오.

보기
① 軍 ② 寸 ③ 山 ④ 五
⑤ 靑 ⑥ 年 ⑦ 木 ⑧ 長
⑨ 韓 ⑩ 母 ⑪ 金 ⑫ 先
⑬ 弟 ⑭ 西 ⑮ 女 ⑯ 三

(1) 군사   (   )   (2) 뫼   (   )
(3) 긴   (   )   (4) 쇠(성) (   )
(5) 석   (   )   (6) 아우   (   )
(7) 여자(계집) (   ) (8) 서녘   (   )
(9) 푸를   (   )   (10) 해   (   )
(11) 먼저   (   )   (12) 마디   (   )
(13) 어미   (   )   (14) 다섯   (   )
(15) 한국   (   )   (16) 나무   (   )

정답

1 (1) 교 (2) 백 (3) 이 (4) 교 (5) 부 (6) 인 (7) 구 (8) 북 (9) 일 (10) 군 (11) 산 (12) 장 (13) 김, 금 (14) 삼 (15) 제 (16) 남 (17) 생 (18) 중 (19) 여 (20) 서

2 (1) 푸를 청 (2) 해 년 (3) 먼저 선 (4) 마디 촌 (5) 큰 대 (6) 작을 소 (7) 일곱 칠 (8) 동녘 동 (9) 물 수 (10) 흙 토 (11) 여섯 육 (12) 집 실 (13) 여덟 팔 (14) 일만 만 (15) 열 십 (16) 배울 학 (17) 어미 모 (18) 다섯 오 (19) 한국 한, 한나라 한 (20) 나무 목

3 (1) 임금 왕 (2) 형 형, 맏 형 (3) 문 문 (4) 바깥 외 (5) 불 화 (6) 백성 민 (7) 달 월

4 (1) ① (2) ③ (3) ⑧ (4) ⑪ (5) ⑯ (6) ⑬ (7) ⑮ (8) ⑭ (9) ⑤ (10) ⑥ (11) ⑫ (12) ② (13) ⑩ (14) ④ (15) ⑨ (16) ⑦

47

한자능력검정시험 8급 예상문제 3회

1 다음 漢字(한자)를 쓰시오.

(1) 불화 (   ) (2) 백성민 (   )
(3) 달월 (   ) (4) 아홉구 (   )
(5) 나라국 (   ) (6) 북녘북 (   )
(7) 넉사 (   ) (8) 날일 (   )
(9) 한일 (   ) (10) 가운데중 (   )
(11) 남녘남 (   ) (12) 날생 (   )
(13) 작을소 (   ) (14) 일곱칠 (   )
(15) 큰대 (   ) (16) 동녘동 (   )
(17) 물수 (   ) (18) 흙토 (   )
(19) 집실 (   ) (20) 여섯육 (   )

3 다음 한자의 음(음:소리)을 쓰시오.

(1) 東西 (   ) (2) 南北 (   )
(3) 敎長 (   ) (4) 九日 (   )
(5) 大王 (   ) (6) 大韓 (   )
(7) 民國 (   ) (8) 八月 (   )
(9) 女人 (   ) (10) 父女 (   )
(11) 學校 (   ) (12) 靑年 (   )
(13) 少年 (   ) (14) 國軍 (   )
(15) 軍人 (   ) (16) 大人 (   )
(17) 小人 (   ) (18) 母女 (   )
(19) 小女 (   ) (20) 火山 (   )

2 다음 漢字(한자)를 보기에서 번호를 골라 쓰시오.

보기 ① 八   ② 學   ③ 萬   ④ 十

(1) 여덟팔 (   ) (2) 일만만 (   )
(3) 배울학 (   ) (4) 열십 (   )

정답

1 (1) 火 (2) 民 (3) 月 (4) 九 (5) 國 (6) 北 (7) 四 (8) 日 (9) 一 (10) 中 (11) 南 (12) 生 (13) 小 (14) 七 (15) 大 (16) 東 (17) 水 (18) 土 (19) 室 (20) 六
2 (1) ① (2) ③ (3) ② (4) ④
3 (1) 동서 (2) 남북 (3) 교장 (4) 구일 (5) 대왕 (6) 대한 (7) 민국 (8) 팔월 (9) 여인 (10) 부녀 (11) 학교 (12) 청년 (13) 소년 (14) 국군 (15) 군인 (16) 대인 (17) 소인 (18) 모녀 (19) 소녀 (20) 화산

한자능력검정시험 8급 예상문제 4회

1. 다음 단어를 한글로 풀이하여 쓰시오.

> 보기: 學校 → 학교

(1) 北韓 (   )   (2) 南韓 (   )

(3) 三寸 (   )   (4) 五十 (   )

(5) 小女 (   )   (6) 月日 (   )

(7) 一日 (   )   (8) 先生 (   )

(9) 生日 (   )   (10) 學校 (   )

(11) 水中 (   ) (12) 百萬 (   )

2. 다음 한글을 한자로 바꾸시오.

> 보기: 청백 → 淸白

(1) 동서 (   )   (2) 남북 (   )

(3) 교장 (   )   (4) 구일 (   )

(5) 칠일 (   )   (6) 오일 (   )

(7) 사일 (   )   (8) 삼일 (   )

(9) 대왕 (   )   (10) 대한 (   )

3. 다음 〈보기〉에서 반대어를 골라 쓰시오.

> 보기: ① 白 ② 父 ③ 北 ④ 王
>   ⑤ 東 ⑥ 小 ⑦ 兄 ⑧ 日

(1) 靑 (   )   (2) 大 (   )

(3) 月 (   )   (4) 弟 (   )

(5) 民 (   )   (6) 南 (   )

(7) 西 (   )   (8) 母 (   )

4. 다음 빈 칸에 알맞은 한자를 〈보기〉에서 골라 쓰시오.

> 보기: ① 淸白 ② 三月 ③ 母女
>   ④ 生日 ⑤ 父母 ⑥ 軍人

(1) 엄마와 딸을 (   ) 지간이라 한다.

(2) 내가 태어난 날을 (   )이라한다.

(3) 우리나라를 지키는 (   )아저씨이다.

(4) 운동회날 (   )군으로 나눈다.

(5) 나를 낳아주신 분들은 (   )님이시다.

(6) 봄은 (   )월부터 五月까지이다.

5 다음 뜻을 풀이하여 쓰시오.

> 보기
> 水 → 물 수

(1) 日 (   )

(2) 土 (   )

(3) 月 (   )

정답
1 (1) 북한 (2) 남한 (3) 삼촌 (4) 오십 (5) 소녀 (6) 월일 (7) 일일 (8) 선생 (9) 생일 (10) 학교 (11) 수중 (12) 백만
2 (1) 東西 (2) 南北 (3) 敎長 (4) 九日 (5) 七日 (6) 五日 (7) 四日 (8) 三日 (9) 大王 (10) 大韓
3 (1) ① (2) ⑥ (3) ⑧ (4) ⑦ (5) ④ (6) ③ (7) ⑤ (8) ②
4 (1) ③ (2) ④ (3) ⑥ (4) ① (5) ⑤ (6) ②
5 (1) 날일 (2) 흙토 (3) 달월

한자능력검정시험 8급 기출문제 57회

※ 다음 글을 읽고 ( ) 안의 漢字(한자)의 讀音(독음: 읽는 소리)을 쓰세요. (1-10)

보기
音 → 음

(1) 南( ) (2) 山( ) 앞에 (3) 우리 學( )교가 있고 (4) 東( )쪽으로는 도서관이 있습니다. (5) 金( )요일까지 학교에 가고 (6) 土( )요일에는 수업이 없습니다. (7) 兄( )은 (8) 五( )학년입니다. (9) 우리 先( )생님은 (10) 靑( )년 이십니다.

※ 다음 밑줄 친 말에 해당하는 漢字(한자)를 〈보기〉에서 찾아 그 번호를 쓰세요. (11-20)

보기
① 弟 ② 白 ③ 外 ④ 敎
⑤ 大 ⑥ 日 ⑦ 母 ⑧ 父
⑨ 長 ⑩ 六

(11) 어머님( )은 (12) 큰( ) (13) 가르치심( )을 저에게 주셨습니다. (14) 내 아우( )는 (15) 여섯( )살이고 (16) 얼굴( )이 흽니다. (17) 아버님( )은 (18) 팔이 길고( ), 갸름합니다. (19) 삼촌은 날( )마다 (20) 바깥( )에서 일하십니다.

※ 다음 말에 알맞은 漢字(한자)를 〈보기〉에서 찾아 그 번호를 쓰세요. (21-30)

보기
① 九 ② 七 ③ 木 ④ 小
⑤ 校 ⑥ 國 ⑦ 水 ⑧ 八
⑨ 中 ⑩ 人

(21) 작다 ( ) (22) 아홉 ( )
(23) 나무 ( ) (24) 물 ( )
(25) 일곱 ( ) (26) 나라 ( )
(27) 가운데 ( ) (28) 사람 ( )
(29) 학교 ( ) (30) 여덟 ( )

※ 다음 漢字(한자)의 훈(訓: 뜻)과 음(音: 소리)을 쓰세요. (31-40)

보기
韓 → 한국 한

(31) 年 ( ) (32) 女 ( )
(33) 四 ( ) (34) 生 ( )
(35) 一 ( ) (36) 寸 ( )
(37) 火 ( ) (38) 萬 ( )
(39) 門 ( ) (40) 北 ( )

※ 다음 漢字(한자)의 훈(訓: 뜻)이나 음(音: 소리)을 <보기>에서 찾아 그 번호를 쓰세요. (41-48)

보기
① 집　② 백성　③ 임금　④ 석
⑤ 달　⑥ 서녘　⑦ 열　⑧ 군사

(41) 軍 (　　)　(42) 民 (　　)
(43) 王 (　　)　(44) 十 (　　)
(45) 室 (　　)　(46) 三 (　　)
(47) 月 (　　)　(48) 西 (　　)

※ 다음 漢字(한자)에 표시한 획은 몇 번째 쓰는지 <보기>에서 찾아 그 번호를 쓰세요. (49-50)

보기
① 첫 번째　② 두 번째
③ 세 번째　④ 네 번째
⑤ 다섯 번째　⑥ 여섯 번째
⑦ 일곱 번째　⑧ 여덟 번째
⑨ 아홉 번째　⑩ 열 번째

(49) 軍

(50) 敎

정답
(1) 남 (2) 산 (3) 학 (4) 동 (5) 금 (6) 토 (7) 형 (8) 오 (9) 선 (10) 청 (11) ⑦ 母 (12) ⑤ 大 (13) ④ 敎 (14) ① 弟 (15) ⑩ 六 (16) ② 白 (17) ⑧ 父 (18) ⑨ 長 (19) ⑥ 日 (20) ③ 外 (21) ④ 小 (22) ① 九 (23) ③ 木 (24) ⑦ 水 (25) ② 七 (26) ⑥ 國 (27) ⑨ 中 (28) ⑩ 人 (29) ⑤ 校 (30) ⑧ 八 (31) 해 년 (32) 계집 녀 (33) 녁 사 (34) 날 생 (35) 한 일 (36) 마디 촌 (37) 불 화 (38) 일만 만 (39) 문 문 (40) 북녘 북 (41) ⑧ 군사 (42) ② 백성 (43) ③ 임금 (44) ⑦ 열 (45) ① 집 (46) ④ 석 (47) ⑤ 달 (48) ⑥ 서녘 (49) ⑤ (50) ⑦

한자능력검정시험 8급 기출문제 58회

※ 다음 글을 읽고 ( ) 안의 漢字(한자)의 讀音(독음: 읽는 소리)을 쓰세요. (1-10)

보기
音 → 음

(1) 校(　　) (2) 長(　　) (3) 先(　　)
(4) 生(　　)님께서는 (5) 敎(　　) (6) 室(　　)에서 조용히 (7) 萬(　　) (8) 國(　　)기를 만들고 있는 (9) 女(　　)
(10) 學(　　)생들에게 착하다고 칭찬을 해 주셨습니다.

※ 다음 밑줄 친 말에 해당하는 漢字(한자)를 〈보기〉에서 찾아 그 번호를 쓰세요. (11-20)

보기
① 水　② 月　③ 弟　④ 火
⑤ 六　⑥ 外　⑦ 日　⑧ 大
⑨ 木　⑩ 山

(11) 여섯(　　) 밤만 자면 추석입니다.
(12) 초승달(　　)이 작게 보입니다. (13) 산(　　)토끼가 뛰어 다닙니다. (14) 해(　　)가 동쪽 하늘에 떠오릅니다. (15) 동생(　　)이 이제 걷기 시작합니다. (16) 새가 나무(　　)에 앉아 있습니다. (17) 수돗물(　　)이 나오지 않습니다. (18) 큰(　　) 풍선이 하늘에 떠 있습니다. (19) 산 불(　　)을 조심해야 합니다. (20) 밖(　　)에 비가 내립니다.

※ 다음 말에 알맞은 漢字(한자)를 〈보기〉에서 찾아 그 번호를 쓰세요. (21-30)

보기
① 母　② 王　③ 一　④ 軍
⑤ 白　⑥ 九　⑦ 門　⑧ 金
⑨ 五　⑩ 韓

(21) 구　(　　)　(22) 임금　(　　)
(23) 다섯 (　　)　(24) 문　(　　)
(25) 군사 (　　)　(26) 백　(　　)
(27) 한국 (　　)　(28) 엄마 (　　)
(29) 쇠　(　　)　(30) 일　(　　)

※ 다음 漢字(한자)의 훈(訓: 뜻)과 음(音: 소리)을 쓰세요. (31-40)

보기
天 → 하늘 천

(31) 靑 (　　)　(32) 二 (　　)
(33) 小 (　　)　(34) 土 (　　)
(35) 中 (　　)　(36) 東 (　　)
(37) 七 (　　)　(38) 人 (　　)
(39) 四 (　　)　(40) 兄 (　　)

※ 다음 漢字(한자)의 훈(訓: 뜻)을 <보기>에서 찾아 그 번호를 쓰세요. (41-44)

보기
① 열   ② 아비   ③ 백성   ④ 북녘

(41) 民 (   )   (42) 十 (   )
(43) 父 (   )   (44) 北 (   )

※ 다음 漢字(한자)의 음(音: 소리)을 <보기>에서 찾아 그 번호를 쓰세요. (45-48)

보기
① 서   ② 팔   ③ 년   ④ 촌

(45) 年 (   )   (46) 八 (   )
(47) 寸 (   )   (48) 西 (   )

※ 다음 漢字(한자)에 표시한 획은 몇 번째 쓰는지 <보기>에서 찾아 그 번호를 쓰세요. (49-50)

보기
① 첫 번째   ② 두 번째
③ 세 번째   ④ 네 번째
⑤ 다섯 번째 ⑥ 여섯 번째
⑦ 일곱 번째 ⑧ 여덟 번째
⑨ 아홉 번째 ⑩ 열 번째

(49)

(50) 南

정답
(1) 교 (2) 장 (3) 선 (4) 생 (5) 교 (6) 실 (7) 만 (8) 국 (9) 여 (10) 학 (11) ⑤ 六 (12) ② 月 (13) ⑩ 山 (14) ⑦ 日 (15) ③ 弟 (16) ⑨ 木 (17) ① 水 (18) ⑧ 大 (19) ④ 火 (20) ⑥ 外 (21) ⑥ 九 (22) ② 王 (23) ⑨ 五 (24) ⑦ 門 (25) ④ 軍 (26) ⑤ 白 (27) ⑩ 韓 (28) ① 母 (29) ⑧ 金 (30) ③ 一 (31) 푸를 청 (32) 두 이 (33) 작을 소 (34) 흙 토 (35) 가운데 중 (36) 동녘 동 (37) 일곱 칠 (38) 사람 인 (39) 녁 사 (40) 형 형 (41) ③ 백성 (42) ① 열 (43) ② 아비 (44) ④ 북녘 (45) ③ 년 (46) ② 팔 (47) ④ 촌 (48) ① 서 (49) ⑥ (50) ⑦

한자능력검정시험 8급 기출문제 59회

※ 다음 주어진 글을 읽고 ( ) 안의 漢字(한자)의 讀音(독음: 읽는 소리)을 쓰세요. (1-10)

> 보기
> 音 → 음

(1) 창門( ) 너머 (2) 北( )쪽으로 (3) 國( )기가 펄럭이고 (4) 南( )쪽으로는 (5) 山( )이 보입니다. (6) 운동장에서 白( )군과 (7) 靑( )군이 달리기 시합을 합니다. (8) 兄( )들은 축구를 하고 (9) 先( )생님이 호루라기를 부십니다. (10) 女( )학생들은 머리에 리본을 꽂았습니다.

※ 다음 밑줄 친 말에 해당하는 漢字(한자)를 〈보기〉에서 찾아 그 번호를 쓰세요. (11-20)

> 보기
> ① 父 ② 小 ③ 大 ④ 土
> ⑤ 弟 ⑥ 母 ⑦ 軍 ⑧ 民
> ⑨ 人 ⑩ 七

(11) 큰( ) 도시에는 (12) 사람( )이 많습니다. (13) 군인( )들은 나라를 지킵니다. (14) 아버지( )와 (15) 어머니( )는 (16) 농사짓는 백성( )입니다. (17) 내 아우( )는 (18) 키가 작고( ) (19) 흙( )장난을 좋아하고 (20) 아침 일곱( ) 시에 일어납니다.

※ 다음 말에 알맞은 漢字(한자)를 〈보기〉에서 찾아 그 번호를 쓰세요. (21-30)

> 보기
> ① 月 ② 中 ③ 室 ④ 火
> ⑤ 日 ⑥ 韓 ⑦ 寸 ⑧ 八
> ⑨ 木 ⑩ 外

(21) 여덟   (   )
(22) 집   (   )
(23) 밖   (   )
(24) 불   (   )
(25) 나무   (   )
(26) 달   (   )
(27) 마디   (   )
(28) 가운데   (   )
(29) 한국(나라) (   )
(30) 날   (   )

한자능력검정시험 8급 기출문제 59회

※ 다음 漢字(한자)의 훈(訓: 뜻)과 음(音: 소리)을 쓰세요. (31-40)

보기
天 → 하늘 천

(31) 學 (   )   (32) 年 (   )
(33) 東 (   )   (34) 萬 (   )
(35) 六 (   )   (36) 生 (   )
(37) 四 (   )   (38) 敎 (   )
(39) 一 (   )   (40) 金 (   )

※ 다음 漢字(한자)의 훈(訓: 뜻)이나 음(音: 소리)을 〈보기〉에서 찾아 그 번호를 쓰세요. (41-48)

보기
① 열   ② 둘   ③ 임금   ④ 학교
⑤ 서녘 ⑥ 다섯 ⑦ 물   ⑧ 길다

(41) 王 (   )   (42) 西 (   )
(43) 水 (   )   (44) 二 (   )
(45) 校 (   )   (46) 長 (   )
(47) 十 (   )   (48) 五 (   )

※ 다음 漢字(한자)에 표시한 획은 몇 번째 쓰는지 〈보기〉에서 찾아 그 번호를 쓰세요. (49-50)

보기
① 첫 번째   ② 두 번째
③ 세 번째   ④ 네 번째
⑤ 다섯 번째   ⑥ 여섯 번째
⑦ 일곱 번째   ⑧ 여덟 번째
⑨ 아홉 번째   ⑩ 열 번째

(49) 敎

(50) 韓

정답
(1) 문 (2) 북 (3) 국 (4) 남 (5) 산 (6) 백 (7) 청 (8) 형 (9) 선 (10) 여 (11) ③ 大 (12) ⑨ 人 (13) ⑦ 軍 (14) ① 父 (15) ⑥ 母 (16) ⑧ 民 (17) ⑤ 弟 (18) ② 小 (19) ④ 土 (20) ⑩ 七 (21) ② 八 (22) ③ 室 (23) ⑩ 外 (24) ④ 火 (25) ⑨ 木 (26) ① 月 (27) ⑦ 寸 (28) ② 中 (29) ⑥ 韓 (30) ⑤ 日 (31) 배울 학 (32) 해 년 (33) 동녘 동 (34) 일만 만 (35) 여섯 륙 (36) 날 생 (37) 넉 사 (38) 가르칠 교 (39) 한 일 (40) 쇠 금, 성 김 (41) ③ 임금 (42) ⑤ 서녘 (43) ⑦ 물 (44) ② 둘 (45) ④ 학교 (46) ⑧ 길다 (47) ① 열 (48) ⑥ 다섯 (49) ④ (50) ⑤